글 김서윤

사회학과 국문학을 공부했습니다. 글을 쓰고 책을 만드는 일을 하고 있습니다. 어린이를 위한 국제기구 유니세프와 방탄소년단이 함께한 캠페인 '러브 마이셀프 Love Myself' 배지를 가방에 달고 있습니다. 〈토요일의 심리클럽〉으로 창비청소년도서상을 받았고 〈내가 가게를 만든다면?〉, 〈내가 학교를 만든다면?〉, 〈왕, 총리, 대통령 중 누가 가장 높을까?〉 등을 썼습니다.

그림 김유대

어린 시절부터 그림 그리기를 좋아해서 어른이 된 지금도 재미있는 그림을 그리며 아이들에게 행복을 선물하고 있습니다. 대학에서 시각디자인을 공부했습니다. 1996년 서울 그림책 일러스트레이션 공모에서 대상을, 1997년 한국출판미술대전에서 특별상을 받았습니다. 그동안 〈들키고 싶은 비밀〉, 〈일기 도서관〉, 〈강아지 복실이〉, 〈선생님 과자〉, 〈마법사 똥맨〉, 〈나도 예민할 거야〉, 〈누구 얼굴?〉, 〈누구 엉덩이?〉 등에 그림을 그렸습니다.

추천 이기철

서울대학교 법과대학을 졸업하고 미국 위스콘신대 행정학 석사 과정을 마쳤습니다. 1985년부터 외교부에서 주네덜란드 대사관 대사, 주LA총영사관 총영사 등 33년간 직업 외교관으로 활동하며 2017년 베스트 외교관상, 2015년 대한민국 공무원상, 2009년 올해의 외교관상, 1995년 최우수 외교관상 등 총 7회 상을 받았습니다. 2018년 5월 유니세프한국위원회 사무총장이 되어 세계 어린이를 위한 일에 앞장섰으며, 현재 국립외교원 겸임 교수로 일하고 있습니다.

토토 사회 놀이터

토토 사회 놀이터는 교과서 속 사회 지식을 재미있게 풀어낸 그림책 시리즈입니다. 초등학교 저학년 어린이들이 사회와 친해지고 스스로 정치와 경제, 법 등을 탐구하여 사회 전체의 흐름을 파악할 수 있도록 쉽고 재미있게 구성되어 있습니다. 토토 사회 놀이터에서는 사회도 놀이가 됩니다.

내가 국제기구를 만든다면?

교과서 속 사회 지식을 쉽고 재미있게 배워요!

글 김서윤 | 그림 김유대
추천 이기철(유니세프한국위원회 전 사무총장)

차례

나만의 국제기구를 만드는 방법 ‥ 6

국제기구의 목적 정하기

지구촌 둘러보기 ‥‥‥‥‥ 10

지구촌의 문제들 살펴보기 ‥‥ 14

국제기구의 역할 이해하기 ‥‥ 17

새로운 국제기구 꾸리기

이름 짓기 ‥‥‥‥‥‥‥ 24

회원 모으기 ‥‥‥‥‥‥ 25

로고 디자인하기 ‥‥‥‥‥ 26

건물 마련하기 ‥‥‥‥‥‥ 31

국제공무원 뽑기 ‥‥‥‥‥ 34

지도자 뽑기 ‥‥‥‥‥‥ 37

돈 모으기 ‥‥‥‥‥‥‥ 40

지구촌을 무대로 활동하기

지구촌의 문제들 조사하기 ·· 44

회의하기 ················ 47

규칙 정하기 ············· 49

나서서 도와주기 ········ 51

모든 준비는 끝났다! ············· 56

세계 햄스터 연맹을 소개합니다! ··· 58

내가 만든 국제기구를 소개합니다! ·· 59

한눈에 보는 국제기구 만들기 ······ 60

용어 설명 ····················· 62

나만의 국제기구를 만드는 방법

여러분, 지구촌이라는 말을 들어 보았나요?
한자로는 지구촌(地球村), 영어로는 글로벌 빌리지(global village)!
한마디로, 전 세계가 한 마을 같다는 뜻이에요.
그만큼 지구상에 있는 여러 나라가 서로서로 가깝게 지낸다는 거죠.

지구촌을 위해 여러분도 한몫하고 싶나요? 세계 여러 나라를 누비며 활약하고 싶나요?
그렇다면 여러분이 국제기구를 한번 만들어 봐요!

국제기구란 여러 나라가 같은 목적을 이루기 위해 만든 모임이랍니다.
우리 주변을 둘러보면 참 많은 모임이 있어요. 친구들끼리 놀기 위한 모임도 있고
전문적인 정보를 주고받기 위한 모임, 누군가를 돕기 위한 모임도 있어요.
아무래도 혼자만으로는 부족하니까 여럿이 함께 모임을 만드는 거예요.
이렇게 사람들이 살아가다 보면 모임을 만들게 되는 것처럼
여러 나라가 지구촌에서 함께 살아가다 보면 꼭 필요한 것이 바로 국제기구인 거죠.

국제기구라고 너무 거창하게 생각할 것 없어요. 이 책을 읽어 나가다 보면
여러분만의 국제기구를 만들기 위한 방법이 보일 거예요. 자, 그럼 함께 시작해 볼까요?

1 국제기구의 목적을 정해요!

여러 나라가 모여 국제기구를 만드는 것은 같은 목적을 이루기 위해서잖아요. 그러니 일단 어떤 것을 목적으로 삼을지 정해야 해요. 국제기구는 그 목적에 따라 여러 종류가 있어요.

2 새로운 국제기구를 꾸려요!

국제기구는 꽤나 규모가 큰 모임이라서 이것저것 챙겨야 할 것이 많답니다. 이름과 로고도 정해야 하고, 국제기구에서 일할 사람도 뽑아야 하고······ 참, 돈을 마련하는 것도 중요해요.

3 지구촌을 무대로 활동해요!

국제기구를 만들었으면 본격적으로 활동을 시작해야죠. 국제기구의 목적에 따라, 지구촌의 상황에 따라 각기 다른 활동이 필요할 거예요. 규칙을 정하는 것도 필요해요.

국제기구의 목적 정하기

여러 나라가 힘을 모아야 가능한 일이라든가, 여러 나라가 함께 가지고 있는 문제점을 해결하는 일이어야 국제기구의 목적이 될 수 있어요. 예를 들어 '우리 교실을 깨끗하게 만들기'라면 학생들이 나서면 되지만 '태평양을 깨끗하게 만들기'라면 반드시 국제기구가 필요하겠죠. 그러니까 먼저 우리가 살아가고 있는 지구촌에 어떤 문제점들이 있는지, 어떻게 하면 더 나은 지구촌을 만들 수 있을지 생각하면서 국제기구의 목적을 정해야 해요.

지구촌 둘러보기

오늘날 전 세계에 사는 사람들의 수는 약 80억 명이나 돼요. 또 지구의 둘레는 약 4만 킬로미터나 되고요. 그런데 어째서 전 세계가 한 마을과 같다며 지구촌이라 불릴까요? 지구촌이라는 말이 쓰이게 된 것은 그리 오래되지 않았어요. 교통과 통신이 발달하면서 세계가 무척 가까워지게 되었거든요.

어느 나라든 금방 갈 수 있어요

옛날에는 다른 나라에 가는 것이 쉽지 않았어요. 다른 나라는커녕 한 나라 안에서 다른 지역으로 가는 것도 쉽지 않았죠. 말이나 낙타 같은 동물을 이용해서 이동하거나, 그나마도 없어서 그냥 걸어서 이동하는 경우가 많았어요. 그래서 다른 나라에 다녀오려면 몇 달, 심지어 몇 년이 걸리기도 했어요.

그러다 과학이 발달하면서 속도가 빠른 배와 기차, 자동차가 발명되었고 마침내 비행기가 세상에 나왔어요. 덕분에 다른 나라에 가는 것이 무척 빨라졌죠. 웬만한 나라는 몇 시간 안에, 지구 반대편에 있는 나라라도 하루 정도면 갈 수 있어요.

어느 나라 소식이든 금방 알 수 있어요

교통이 발달했다고 해서 번번이 직접 다른 나라에 갈 필요는 없어요. 집 안에 가만히 앉아 있으면서도 다른 나라 사람들과 이야기를 나눌 수 있고, 다른 나라에서 일어나는 일들을 알 수 있고, 다른 나라의 문화를 접할 수 있으니까요. 옛날에는 사람이 직접 가서 소식을 전해야 했지만 이제는 전화, 방송, 인터넷 등을 통해 금세 소식을 전하잖아요. 비행기보다도 훨씬 더 빠른 속도로 말이죠!

세계의 별별 나라

같은 반 친구들도 서로 다른 개성을 가지고 있어요. 지구촌을 이루고 있는 여러 나라들도 마찬가지랍니다. 그중에서도 특별히 눈에 띄는 특징을 가진 나라를 알아볼까요?

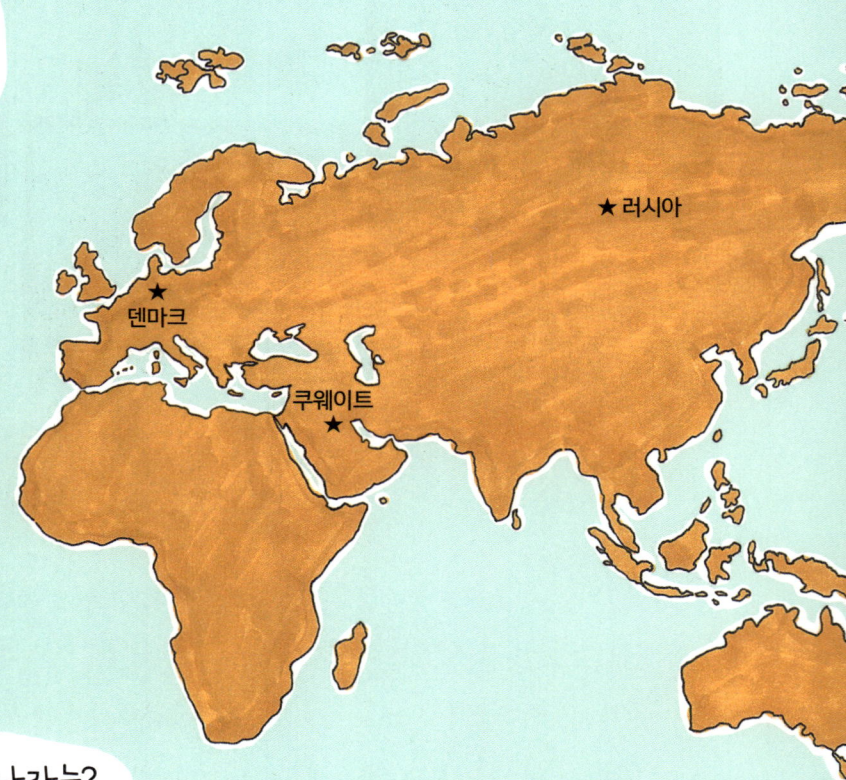

세계에서 가장 북쪽에 있는 나라는?

덴마크예요.

덴마크 본토는 북극에서 한참 아래에 있지만 대서양과 북극해 사이에 있는 커다란 섬 그린란드가 덴마크의 땅이죠.

세계에서 가장 더운 나라는?

쿠웨이트요.

아라비아만에 있는 쿠웨이트는 여름 기온이 50도가 넘을 정도로 뜨거워요.

지구촌의 문제들 살펴보기

그 많은 나라들과 사람들이 서로 만나고 영향을 주고받다 보니 지구촌에는 여러 나라가 함께 연관된 문제라든가, 함께 해결해야 하는 문제들이 생겨났어요. 또 어느 한 지역에서 겪고 있는 어려움이라도 지구촌이 함께 관심을 가지게 되었고요. 이웃의 일을 나 몰라라 할 수는 없잖아요. 이 순간 지구촌에는 어떤 문제들, 어떤 어려움들이 있는지 대표적인 것 몇 가지를 알려 줄게요.

가난과 배고픔으로 고통받고 있어요

무척 부유한 나라도 있지만, 찢어지게 가난한 나라도 있어요. 이런 나라에서는 어린이들마저 돈을 벌기 위해 하루 종일 고되게 일하곤 해요. 심지어 제대로 먹지 못해 목숨이 위태로워지기도 하고요.

환경이 파괴되고 있어요

전 세계적으로 도시가 커지고 공장이 늘어나면서 숲이 사라지고 강과 바다가 오염되고 동물들이 멸종되고 있어요. 미세 먼지도 심해지고 있고요. 가장 심각한 사실은 지구 온난화로 극심한 가뭄이나 극심한 홍수 같은 기상 이변 현상이 일어나고 있다는 거죠.

전쟁과 테러가 벌어지고 있어요

여전히 세계 곳곳에서 전쟁이 끊이지 않고 있어요. 새로이 개발된 잔인한 무기들 때문에 짧은 시간 안에 수많은 사람이 다치거나 목숨을 잃고 있죠. 전쟁을 하지 않는 지역이라고 해서 안심할 수는 없어요. 어느 날 갑자기 테러가 일어나 사람들을 해칠지 모르니까요.

인권이 침해당하고 있어요

모든 사람에게는 인권이 있어요. 누구나 자유와 평등을 누리며 인간답게 살 권리가 있다는 뜻이에요. 그런데 세상에는 인권을 보호받지 못하는 사람들이 많아요. 성별이나 민족, 인종, 종교, 정치적 의견이 다르다는 이유로, 장애가 있거나 가난하다는 이유로, 나이가 적거나 나이가 많다는 이유로 차별이나 괴롭힘을 당하기도 해요.

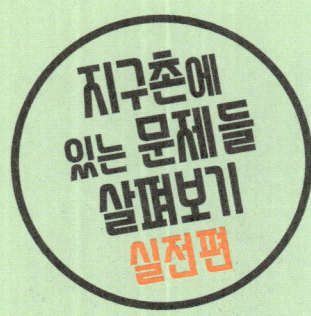

지구촌에 있는 문제들 살펴보기 실전편

지금 지구촌에서는 어떤 일들이 일어나고 있는지 알고 싶나요? 어떤 곳에서 어떤 문제들이 벌어지고 있는지 궁금한가요? 그렇다면 신문을 펼쳐서 국제 면을 찾아봐요. 신문의 국제 면은 지구촌을 보여 주는 망원경이랍니다. 또는 온라인 뉴스 사이트의 여러 카테고리 중에서 '국제'나 '세계'를 클릭해 봐요.

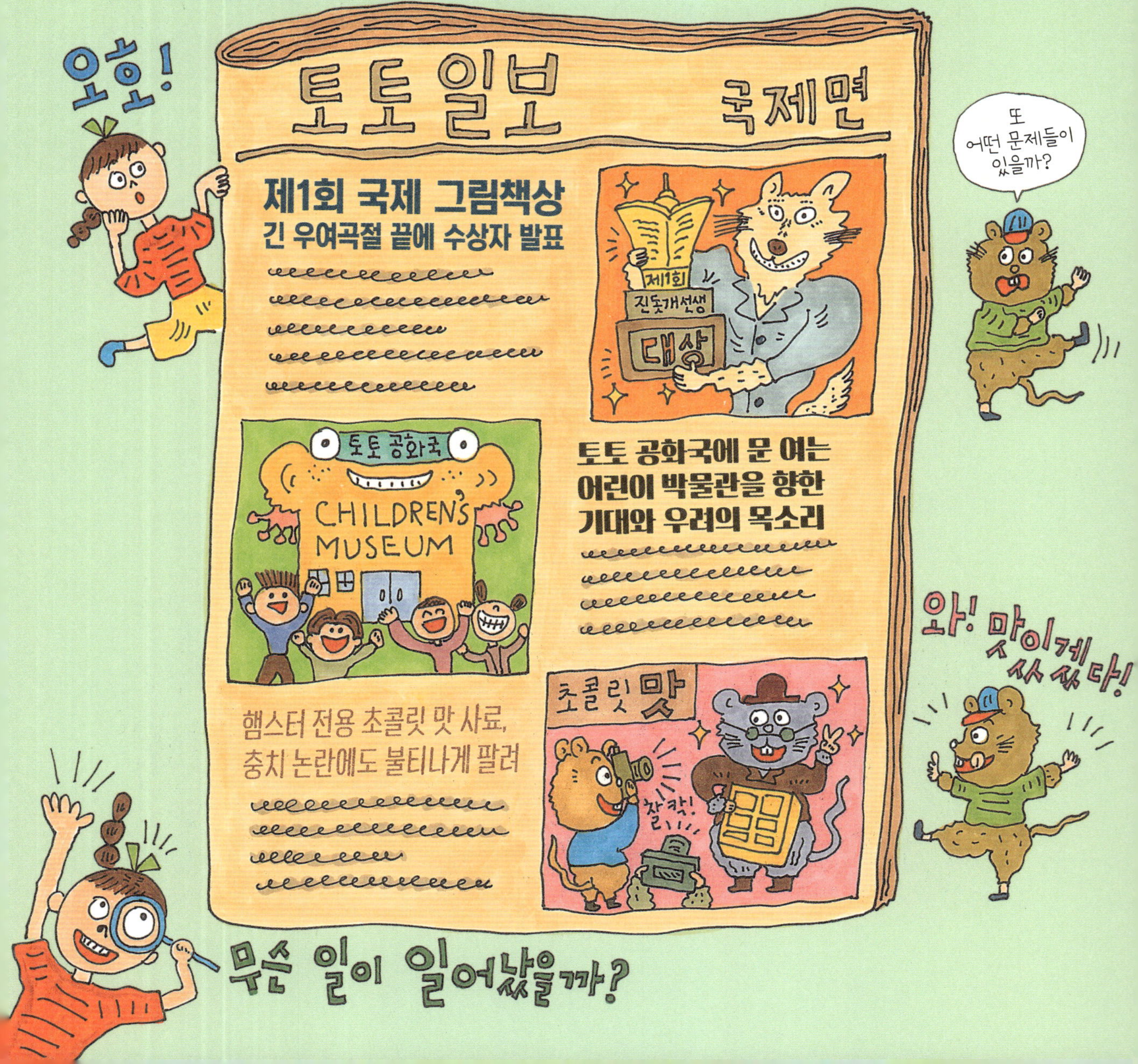

토토일보 국제면

제1회 국제 그림책상
긴 우여곡절 끝에 수상자 발표

토토 공화국에 문 여는 어린이 박물관을 향한 기대와 우려의 목소리

햄스터 전용 초콜릿 맛 사료, 충치 논란에도 불티나게 팔려

오호!

또 어떤 문제들이 있을까?

와! 맛있겠다! 싸싸싸다!

무슨 일이 일어났을까?

국제기구의 역할 이해하기

지구촌의 문제들은 어느 것 하나 심각하지 않은 것이 없어요.
어느 한 나라의 노력만 가지고 해결하기는 불가능해요. 그래서 국제기구가 있어야 하는 거랍니다. 무엇을 목적으로 하느냐에 따라 국제기구의 종류는 다양하게 나뉘지만,
어떤 국제기구든 간에 그 역할은 결국 모두가 평화롭게 사는 지구촌을 만드는 것이죠.

여러 나라의 힘을 모아 모아 하나로!

친구들 사이에서도 의견이 통일되지 않을 때가 참 많죠? 그러니 나라들 사이에서는 어떻겠어요. 제각기 다른 입장, 다른 특징을 가진 여러 나라가 한 방향으로 힘을 모아 협력하도록 만드는 것은 정말이지 만만한 일이 아니에요. 바로 이 일을 하는 것이 국제기구의 역할이랍니다.

서로서로 사이좋게!

나라들끼리 평소에 서로 으르렁댄다면 아무리 시급한 문제 앞에서도 힘을 모으려 하지 않겠죠? 그래서 여러 나라가 정치적으로, 경제적으로, 문화적으로 활발히 교류하며 사이좋게 지내도록 하는 것도 국제기구의 역할이죠. 친구들끼리도 자꾸 얼굴을 봐야 더 친해지는 법이잖아요.

지구촌에 다양한 문제가 있는 만큼, 국제기구도 굉장히 다양하죠. 그중에서도 규모가 크고 뉴스에 자주 나오는 국제기구들을 알려 줄게요. 읽다 보면 정말 많은 국제기구가 있다고 느끼겠지만, 꼭 기억해 둬요. 여기에 미처 소개되지 않은 국제기구가 훨씬 더 많다는 사실!

가장 대표적인 국제기구, 국제 연합(UN, United Nations)

지구촌의 평화를 지키고 전쟁을 막기 위해 만들어졌어요. 줄여서 유엔이라고도 부르죠. 가장 큰 권위와 영향력을 가진 세계 최고의 국제기구이자, 거의 모든 나라가 가입되어 있는 세계 최대의 국제기구랍니다. 현재 회원국의 수는 193개예요. 물론 우리나라도 그중 한 나라이고요. 지구촌의 여러 문제에 효율적으로 대처하기 위해 국제 연합은 그 아래에 여러 국제기구를 두고 있어요. 여기서 소개하는 국제기구들 중에도 상당수는 국제 연합에 속해 있어요.

경제 발전을 위한 국제기구들

경제 협력 개발 기구
(**OECD**, Organization for Economic Co-operation and Development)
경제를 성장시키기 위한 방법을 논의하고 개발 도상국들에 도움을 줘요.

세계은행
(**WB**, World Bank)
경제가 어려운 나라에 장기적으로 돈을 빌려 줘요.

세계 무역 기구
(**WTO**, World Trade Organization)
나라들 사이의 무역이 자유롭고 활발하게 이루어지도록 해요.

환경과 건강을 위한 국제기구들

세계 보건 기구
(**WHO**, World Health Organization)
인류의 건강을 위한 연구를 하고 전염병의 예방과 치료를 위해 힘써요.

국제 자연 보호 연맹
(**IUCN**, International Union for Conservation of Nature and Natural Resources)
자연을 보호하고 동식물이 멸종되지 않도록 막아요.

녹색 기후 기금
(**GCF**, Green Climate Fund)
개발도상국들이 기후 변화의 원인이 되는 온실가스를 줄이도록 도와줘요.

인권을 위한 국제기구

국제 연합 아동 기금
(**UNICEF**, United Nations Children's Fund)
전쟁이나 굶주림, 노동 등 힘겨운 상황에 처해 있는 어린이들을 도와줘요. 유니세프라는 약칭으로 많이 불려요.

국제 노동 기구
(**ILO**, International Labour Organization)
노동자가 안전한 환경에서 일하고, 부당한 대우를 받지 않도록 해요.

국제 연합 난민 고등 판무관 사무소
(**UNHCR**, United Nations High Commissioner for Refugees)
전쟁 등의 이유로 조국을 떠난 난민들이 안전하게 고향으로 돌아가거나 다른 나라에 자리 잡도록 도와줘요. 간략하게 유엔 난민 기구라고 불려요.

지역의 협력을 위한 국제기구

아시아 태평양 경제 협력체
(**APEC**, Asia Pacific Economic Cooperation)
아시아와 태평양 지역의 나라들이 경제적으로 서로 협력하는 것을 목적으로 해요.

유럽 연합
(**EU**, European Union)
유럽에 있는 나라들이 경제적·정치적으로 통합을 이루도록 해요.

아프리카 연합
(**AU**, African Union)
아프리카에 있는 나라들이 경제적·정치적으로 통합을 이루도록 해요.

문화와 스포츠의 교류를 위한 국제기구

국제 연합 교육 과학 문화 기구
(**UNESCO**, United Nations Educational, Scientific and Cultural Organization)
교육, 과학, 문화 면에서 나라들 사이의 협력과 교류를 도와줘요. 약칭으로 유네스코라고 불리기도 해요.

국제 올림픽 위원회
(**IOC**, International Olympic Committee)
하계 올림픽과 동계 올림픽을 열어요.

국제 축구 연맹
(**FIFA**, Fédération Internationale de Football Association)
월드컵을 비롯해 여러 국제 축구 대회를 열어요.

잠깐!

국제 비정부 기구란?

시민 단체란 사회의 이익과 발전을 위해 시민들이 스스로 모여서 만든 단체예요. 정부와 직접적 관련이 없어서 '비정부 기구'라고 불리기도 해요. 국제 비정부 기구란 한 나라의 경계를 넘어 세계적 규모로 활동하는 시민 단체인 셈이에요. 여러분도 한번쯤 들어 본 '그린피스'와 '국경 없는 의사회'는 대표적인 국제 비정부 기구랍니다.

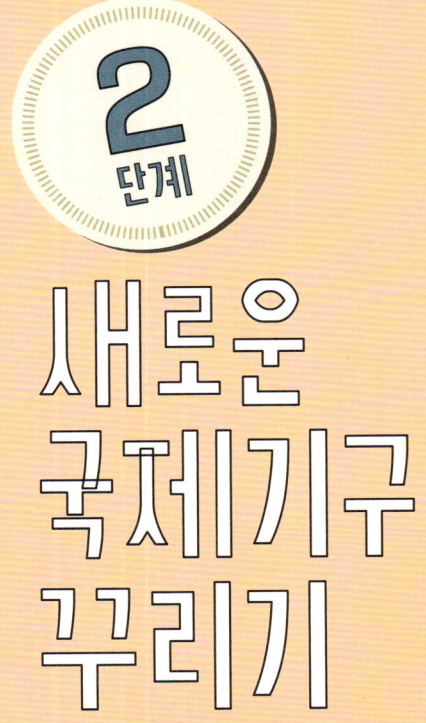

2단계
새로운 국제기구 꾸리기

어떤 국제기구를 만들지 정했다면, 그다음으로 해야 할 일은 국제기구가 제대로 모습을 갖추도록 하는 거랍니다. 국제기구를 꾸리는 것은 회사를 꾸리는 것과 비슷한 점이 많아요. 알맞은 이름을 지어야 하고, 회원을 모아야 하고, 적당한 로고를 마련해야 하고, 일할 사람들을 뽑아야 하고, 그 사람들을 이끌어 나갈 리더를 정해야 해요. 또 돈도 구해야 하고요. 모두 중요한 요소들이니까 하나하나 꼼꼼히 챙겨야겠죠.

이름 짓기

여러분이 강아지나 인형의 이름을 지을 때는 여러분 마음대로 지으면 돼요. 여러분 머릿속에 떠오르는 대로 이름을 지어도 좋고, 여러분이 평소 좋아하던 말들을 가지고 이름을 지어도 좋아요. 하지만 국제기구의 이름을 지을 때는 조금 더 신중해야 해요. 국제기구의 이름은 세계 어느 나라 사람이든 기억할 수 있고 그 의미를 이해할 수 있어야 하니까요.

특징이나 목적을 이름으로

여러분이 만드는 국제기구의 가장 큰 특징은 무엇인가요? 어떤 것을 목적으로 하고 있나요? 바로 그 특징이나 목적을 국제기구의 이름에 넣어요.

국제기구다운 단어를 이름으로

국제기구라면 이름에 으레 들어가는 단어들이 있어요. 여러분이 만드는 국제기구도 그런 단어들을 이름에 넣어야 진짜 국제기구다워 보이겠죠.

특정한 지역만이 아니라 전 세계에서 활동할 계획인가요? 그렇다면 '세계'나 '국제'라는 단어를 넣는 것이 좋아요.

'연맹'이나 '연합'이나 '기구' 같은 단어를 붙이는 것도 좋아요. 이 단어들은 여러 사람이나 여러 국가가 모여 만든 단체를 뜻하는 말이에요.

24

회원 모으기

여러분이 국제기구를 만들었는데 그 국제기구의 회원이 여러분밖에 없다면 흠, 그건 조금 어색하겠죠? 국제기구라면 모름지기 여러 회원이 속해 있어야 하는 것 아니겠어요? 가족이나 친구에게 여러분이 만든 국제기구의 회원이 되어 달라고 부탁할 수도 있어요. 하지만 그보다 더 좋은 방법은, 여러분이 만든 국제기구의 목적에 공감하고 함께할 만한 사람들을 세계 곳곳에서 찾는 거죠.

다른 나라의 비슷한 단체에 연락해요

여러분의 국제기구와 같은 특징이나 같은 목적을 가진 단체가 다른 나라에 있는지 알아봐요. 그런 단체에 연락해서 설명하는 거예요. 여러분이 이런 국제기구를 만들었으니까 회원으로 가입해서 함께 활동하자고 말이에요.

인터넷으로 널리 알려요

요즘은 전 세계 어느 나라 사람들과도 쉽게 생각이나 의견을 주고받을 수 있어요. 바로 인터넷 덕분이죠. 인터넷을 이용해서 여러분의 국제기구를 널리 알려요. 그러면 같은 관심을 가진 사람들이나 단체들이 회원으로 가입할 거예요.

로고 디자인하기

국제기구의 이름을 그냥 글자로만 표시해 놓으면 눈에 금방 들어오지 않을 거예요. 그래서 필요한 것이 로고랍니다. 평소 여러분은 제품에 붙은 상표만 보고도 그 제품을 만든 회사를 떠올릴 수 있죠? 로고는 그런 상표 같은 것이라고 할 수 있어요. 멋진 로고는 여러분의 국제기구를 더욱 돋보이게 해 줄 거예요.

특징이 드러나게

로고만 봐도 누구나 그 국제기구가 가진 특징을 알 수 있어야 해요. 여러분의 국제기구가 가진 목적과 관련된 무언가를 로고로 표현해 봐요. 그 무언가는 사람일 수도 있고 동식물일 수도 있고 물건일 수도 있어요. 아니면 완전히 새롭게 만들어 낸 것일 수도 있고요.

간결하게, 단순하게

아무리 특징을 잘 표현한다 해도 너무 복잡하다면 그 로고는 눈에 잘 띄지 않을 거예요. 너무 많은 그림을 그리려 애쓰지 않아도 괜찮아요. 로고는 간결하고 단순한 편이 좋아요.

여러분의 국제기구를 위한 로고를 직접 그려 봐요. 평소 그림에 자신이 있나요? 솜씨를 발휘할 좋은 기회예요. 평소 그림에 영 자신이 없나요? 더 좋은 기회예요. 로고 그리기 연습을 하다 보면 그림에 자신이 생길 거예요. 특징을 잡아 간결한 선으로 쓱쓱 그려 나가요.

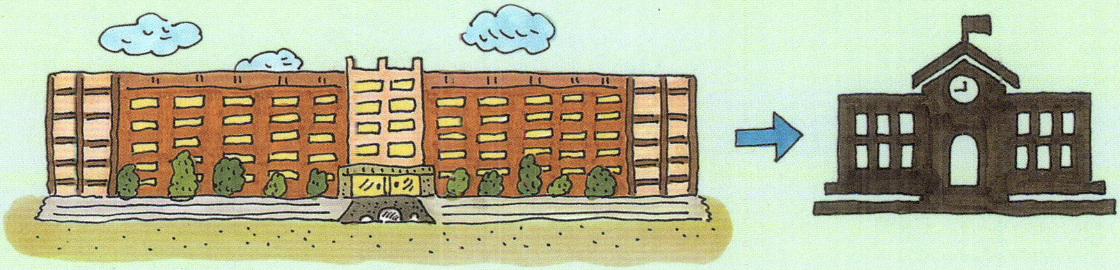

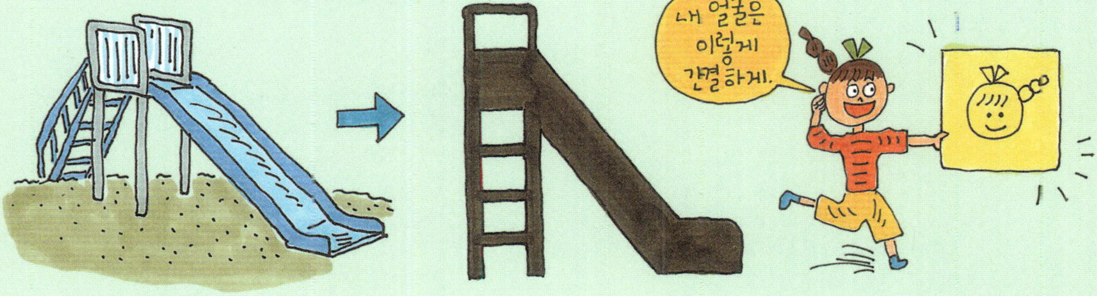

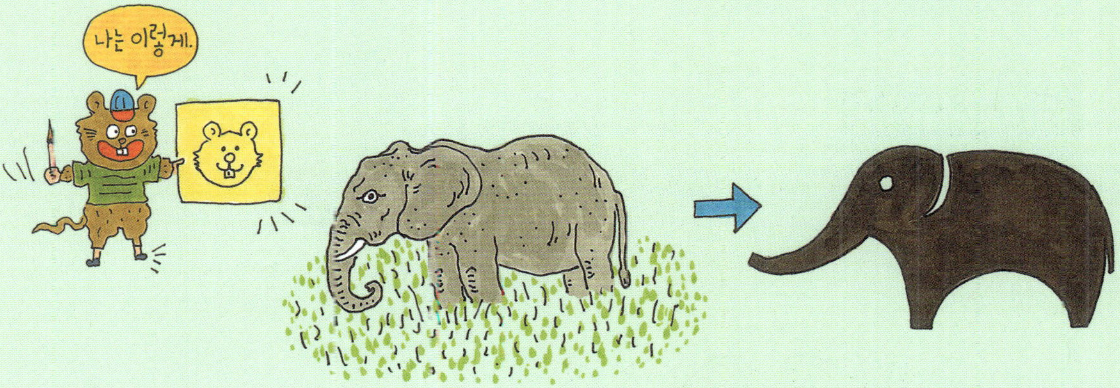

세계 국제기구의 똑똑 로고

국제기구들은 저마다 자기만의 로고를 가지고 있어요.
국제기구의 로고들에는 어떤 뜻이 담겨 있는지 살펴볼까요?

국제 연합(UN)

평화를 상징하는 올리브 가지가 세계를 감싼 모양새예요. 국제 연합에 속해 있는 국제기구 중에는 이렇게 로고에 올리브 가지가 그려진 경우가 많아요.

세계 무역 기구

마치 여섯 가닥의 파도가 치는 듯하죠? 나라들 사이에서 이루어지는 활발한 무역을 상징하는 거예요.

세계 보건 기구

뱀이 막대기를 감고 있어요. 고대 그리스에서 뱀은 치유와 장수의 상징이었어요. 그리고 이 막대기는 그리스 신화에 나오는 의학의 신 아스클레피오스의 지팡이를 의미해요.

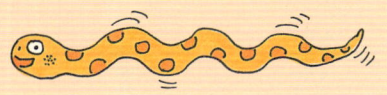

유니세프

부모가 아이를 안아 주고 있는 모습이에요. 세계의 어린이들을 보호하겠다는 의지를 전달해 주지요.

국제 노동 기구

톱니바퀴를 올리브 가지가 감싸고 있어요. 이 톱니바퀴는 노동을 의미해요.

유엔 난민 기구

커다란 손이 사람을 포근하게 감싸 주고 있어요. 난민을 보호해 주겠다는 의지가 느껴져요.

아시아 태평양 경제 협력체

태평양이 한가운데에 있는 세계 지도예요. 태평양 주변의 나라들이 모인 국제기구라는 점을 잘 보여 주네요.

유네스코

마치 건물 같아 보이죠? 세계 문화유산으로 지정된 그리스의 파르테논 신전을 본딴 거예요.

 ## 어떤 국제기구의 로고일까?

이 그림들은 이 책에서 지금까지 다루지 않은 국제기구의 로고들이에요.
어떤 국제기구인지 올바르게 줄을 그어 봐요!

 • • 국제 원자력 기구

 • • 만국 우편 연합

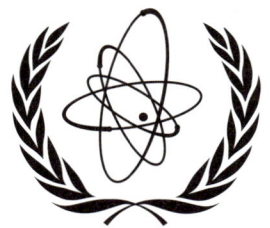 • • 국제 장애인 올림픽 위원회

★정답은 64쪽에서 확인하세요!

건물 마련하기

가족은 집이라는 공간이 필요하고, 학생은 학교라는 공간이 필요하고, 회사는 사무실이라는 공간이 필요해요. 마찬가지로 국제기구도 공간이 필요하죠. 그래서 국제기구들은 적당한 자리에 건물을 지어서 자신만의 공간을 마련한답니다.

건물을 지을 때 꼭 생각해야 할 점

어느 나라에 건물을 지을지 생각해야 해요. 국제기구의 회원국들 중에서 골라야겠죠. 사람들이 오가기 편하도록 교통 시설이 잘 갖추어진 곳이면 더욱 좋을 거예요.

건물을 어떤 모양으로 지을지, 어느 정도로 크게 지을지도 생각해야 해요. 기왕이면 멋진 모양의 건물이 좋겠죠. 회원이 많고 규모가 큰 국제기구라면 그만큼 건물도 크게 지어야 하고요.

건물 마련하기 실전편

이 책에서 알아본 국제기구들의 건물이 어느 나라에 있는지 살펴봐요.
그러면서 여러분은 어느 나라에 국제기구의 건물을 지을지
생각해 봐요.

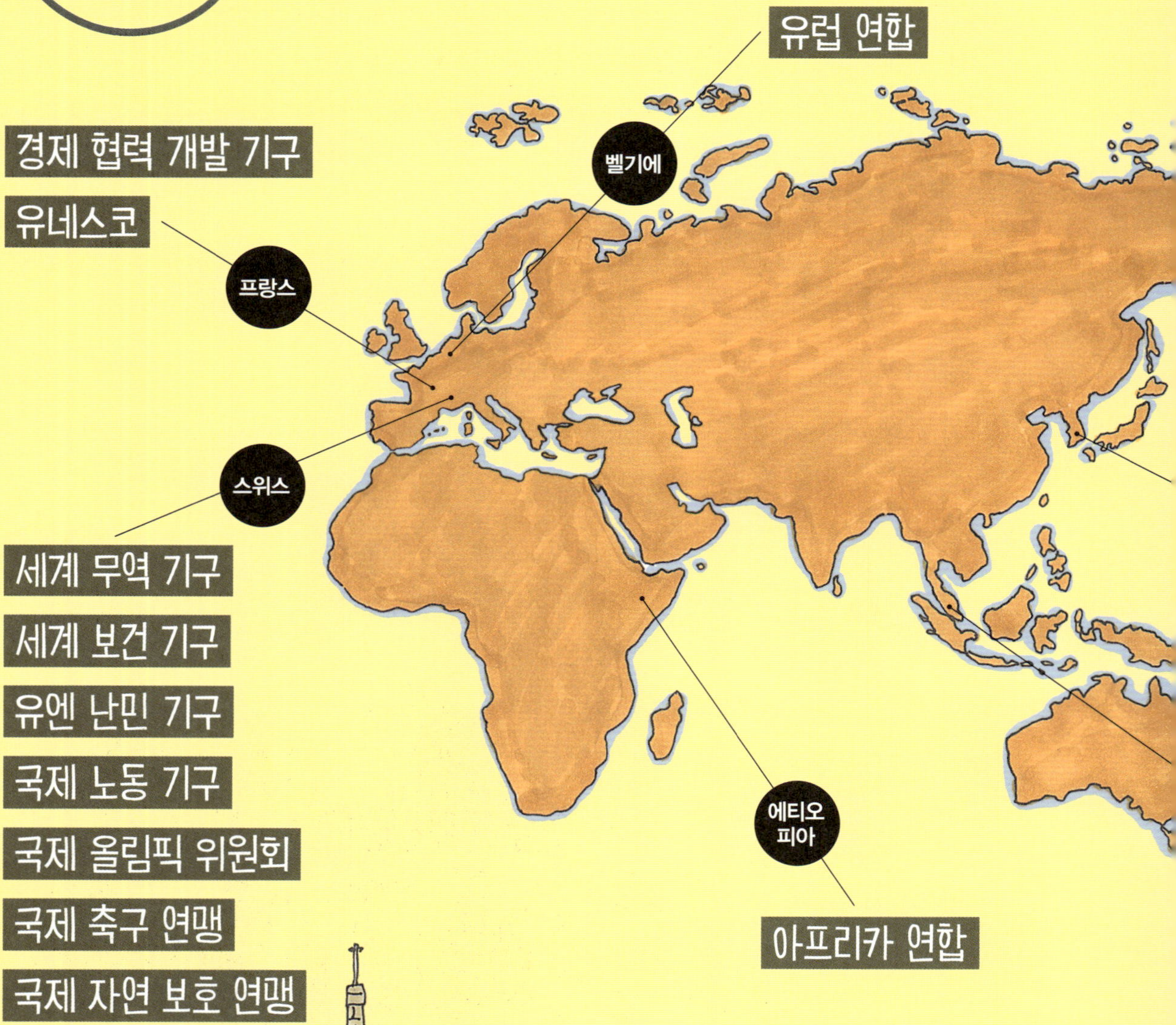

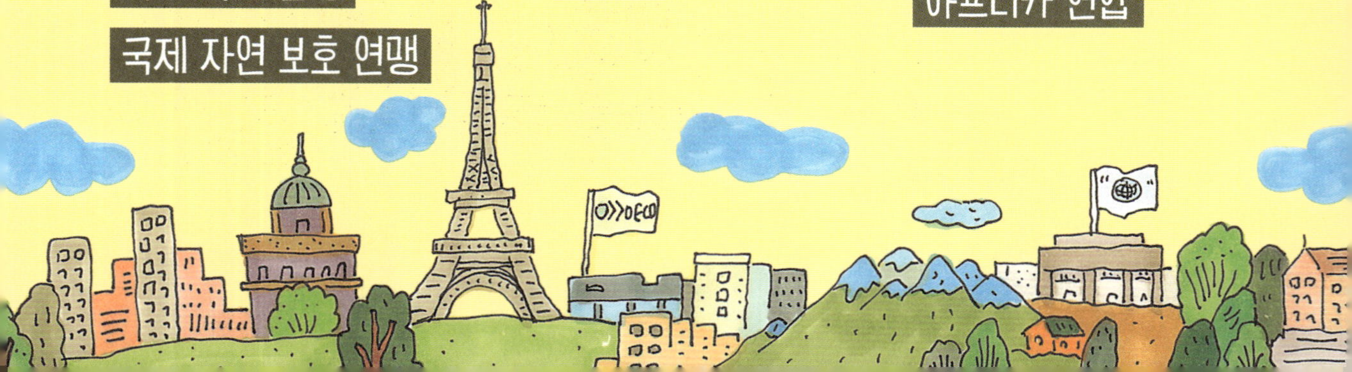

유럽 연합 — 벨기에

경제 협력 개발 기구
유네스코
— 프랑스

— 스위스
세계 무역 기구
세계 보건 기구
유엔 난민 기구
국제 노동 기구
국제 올림픽 위원회
국제 축구 연맹
국제 자연 보호 연맹

아프리카 연합 — 에티오피아

국제공무원 뽑기

청와대, 동사무소, 경찰서 등 나라에서 만든 공공기관에서 일하는 사람들을 공무원이라고 하죠. 국제기관에서 일하는 사람들은 국제공무원이라고 한답니다. 공무원들이 일을 잘해야 나라가 잘 돌아갈 수 있듯이, 국제공무원들이 일을 잘해야 국제기구가 잘 돌아갈 수 있어요. 그만큼 신중하게 판단해서 국제공무원을 뽑아야 해요. 이 기준들이 도움이 될 거예요.

전문적인 능력을 가진 사람을 뽑아요

국제기구는 각각의 목적에 따라 굉장히 전문적인 일들을 해요. 전문적인 일이라는 것은 곧 지식과 경험을 충분히 갖춰야 해낼 수 있는 일이라는 뜻이죠. 그러니까 국제공무원을 뽑을 때는 그 분야에 대해 공부했는지, 또는 그 분야와 관련된 경험을 했는지 꼭 확인해야 해요.

열정이 있는 사람을 뽑아요

아무리 지식과 경험이 차고 넘치는 사람이라 해도 이것이 없다면 말짱 도루묵이에요. 바로 열정! 국제공무원은 가족과 떨어져 오랫동안 세계 이곳저곳을 돌아다녀야 할 때도 있고, 전쟁이나 자연재해가 닥친 위험한 지역에 가야 할 때도 있어요. 그러니 열정을 가진 사람만이 그 일을 계속할 수 있겠죠.

다양한 나라의 사람을 뽑아요

만약 국제공무원을 어느 특정한 나라 사람으로만 채운다면 어떻게 될까요? 자칫 국제기구가 그 나라에 유리한 일만 하게 될 수도 있어요. 팔은 안으로 굽는다는 속담대로 말이죠. 국제기구는 어느 한쪽에 치우치지 않고 공정하게 일해야 해요. 그러려면 국제공무원도 어느 한 나라에 치우치지 말고 다양한 나라에서 뽑아야 하는 거예요.

외국어를 잘하는 사람을 뽑아요

이렇게 다양한 나라의 사람들이 한데 모여 일할 때 서로 말이 통하지 않으면 큰일이겠죠? 그래서 국제공무원에게는 외국어 능력이 필수랍니다. 예를 들어 국제 연합은 영어, 프랑스어, 스페인어, 러시아어, 중국어, 아랍어 이렇게 여섯 가지 언어를 공용어로 삼고 있어요. 국제 연합의 국제공무원들은 대부분 영어 외에도 한두 가지 공용어를 할 줄 안대요.

지도자 뽑기

학교에는 학생 회장이 있고, 시청에는 시장이 있고, 정부에는 대통령이 있어요. 이렇게 많은 사람이 모여서 무언가를 함께하는 곳에는 지도자가 있기 마련이에요. 국제기구에도 지도자가 있어야 해요. 국제기구 지도자도 역시 국제공무원이기 때문에 국제공무원의 자격들을 기본적으로 갖추어야죠. 그 외에 또 어떤 자격을 갖추어야 할까요?

국제기구를 이끌 리더십이 필요해요

국제기구 지도자는 그 국제기구가 나아갈 방향을 잡고 중요한 일들에 대해 결정을 내려요. 그러기 위해 회원국들의 입장을 들어 보고 서로 다른 의견들을 조율해요. 또 국제공무원들이 열심히 일하도록 격려해 주고 혹시 힘든 점은 없는지 살펴요. 이 모든 것을 한마디로 표현한다면 바로 리더십이겠죠.

공정한 선거를 거쳐요

회장 선거에서 투표해 보았나요? 표를 가장 많이 받은 아이가 회장으로 뽑히죠. 국제기구들 중에는 이렇게 회원국들의 선거를 통해 지도자를 정하는 곳도 있어요. 그런데 만약 선거 과정에 문제가 있다면 그 지도자는 인정받을 수 없을 거예요. 그러니 공정하게 치러지는 선거를 거쳐 뽑아야 해요.

대한민국이 낳은 국제기구 지도자들

국제기구 지도자의 위치에 오른 우리나라 사람으로는 누가 있을까요?
대표적인 세 사람에 대해 알아봐요.

세계 보건 기구 사무총장
이종욱 (2003~2006)

우리나라 최초의 국제기구 지도자예요. 의사로서 평생을 의료 봉사에 힘썼어요. '아시아의 슈바이처', '백신의 황제'라는 별명이 붙었어요.

세계은행 총재
김용 (2012~2019)

다섯 살 때 미국으로 이민 가서 의사가 되었고 하버드대학교에서 교수로, 다트머스대학교에서 총장으로 일했어요. 그리고 아시아인 최초로 세계은행 총재 자리에 올랐죠.

국제 연합 사무총장
반기문 (2007~2016)

우리나라에서 외교관, 외교부 장관 등으로 일하다가 국제 연합 사무총장이 되었어요.

노벨 평화상을 받은 국제기구 지도자들

국제기구 지도자들 중에는 세계를 위해 큰 공을 세워서 노벨 평화상을 받은 사람들이 있어요. 어느 지도자들이 어떤 이유로 노벨 평화상을 받았는지 살펴봐요.

국제 연합 사무총장
다그 함마르셸드 (1953-1961)

당시 세계가 두 편으로 나뉘어 서로 대립하고 있는 상황에서 평화를 지키기 위해 동분서주하며 애썼어요. 반기문 사무총장이 자신의 롤모델로 꼽았지요.

국제 연합 사무총장
코피 아난 (1997-2006)

가난한 사람들과 병든 사람들을 돕고 세계 곳곳의 다툼을 해결한 점을 높이 평가받았어요. 국제 연합 사무총장이 되기 전에는 가나의 외교관이었어요.

국제 원자력 기구 사무총장
무함마드 엘바라데이 (1997-2009)

원자력이 안전하고 평화롭게 이용되도록 하기 위해, 또한 핵무기가 확산되지 않도록 노력했어요. 이후에 이집트 부통령으로 일하기도 했어요.

돈 모으기

국제기구를 꾸려 가려면 돈이 필요해요. 그것도 꽤 많은 돈이 필요하죠. 돈 들어가는 데가 한두 군데가 아니거든요. 어려움에 처한 지역이나 사람들을 돕는 데도 돈이 들고, 국제공무원들에게 월급을 주는 데도 돈이 들어요. 이 많은 돈을 어떻게 구할 수 있을까요?

회원국들로부터 분담금을 걷어요

나라는 국민이 내는 세금으로 꾸려 가듯이, 국제기구는 회원국들이 내는 돈으로 꾸려 가요. 서로 나누어서 내는 돈이라는 뜻으로 분담금이라고 부르죠. 재산이 넉넉한 사람은 세금을 많이 내고 형편이 어려운 사람은 세금을 적게 내듯이, 분담금도 선진국은 많이 내고 개발 도상국은 적게 내요.

사람들에게 후원금을 받아요

여러분은 평소에 시민 단체에 후원금을 낸 적이 있나요? 시민 단체는 사람들이 스스로 내는 후원금으로 꾸려 가죠. 국제기구 중에는 이처럼 사람들에게 후원금을 받는 곳도 있어요. 인권과 관련된 국제 기구인 유니세프, 유네스코, 유엔 난민 기구 등이 대표적이에요.

국제기구에 후원금을 내자!

국제기구에 후원금을 내는 것은 곧 지구촌을 위한 행동인 셈이에요.
여러분도 국제기구에 후원금을 내고 싶다면 다음 순서대로 차근차근 해 봐요.

후원금을 받는 국제기구들의 홈페이지를 둘러보며
그 국제기구들이 어떤 일을 하는지 알아봐요.

어떤 국제기구에 매달 얼마를 후원할지 결정해요.

홈페이지에서 후원 신청을 해요.

국제기구가 사람들의 후원금을 사용해서 열심히
활동하고 있는지 계속 관심을 가지고 지켜봐요.

3단계

지구촌을
무대로
활동하기

여러분이 만든 국제기구가 틀이 갖추어졌어요. 국제공무원들도 열정에 가득 차 있네요. 그러면 이제 본격적으로 국제기구로서 활동해야 할 차례랍니다. 활동을 해야 국제기구의 목표를 이루지 않겠어요? 국제기구가 할 수 있는 활동에는 여러 가지가 있어요. 어떤 상황인지 조사하고 해결책을 연구할 수도 있고, 회원국들이 따라야 하는 규칙을 만들 수도 있어요. 그중에서도 가장 필요한 활동은 도움이 필요한 곳에 직접 가 보는 거예요.

지구촌의 문제들 조사하기

몸이 아플 때 병원에 가면 의사 선생님이 여러분의 몸을 진찰해서 아픈 원인이 무엇인지, 어느 정도 심한 것인지 알아내요. 그래야 치료법도 알 수 있으니까요. 국제기구도 의사 선생님과 비슷한 일을 한답니다. 지구촌의 문제들을 조사해서 그 원인은 무엇이고 지금은 어떤 상황인지 알아내는 거예요. 그래야 해결책도 생각해 낼 수 있죠.

현장으로 가요

그냥 뉴스만 봐도 다 알 수 있다고 생각한다면 그건 잘못 생각한 거예요. 문제가 있는 장소에 가 보면 뉴스에 미처 나오지 않은 부분이 있을 수도 있고, 뉴스보다 더 심각한 부분이 있을 수도 있어요. 그러니 국제기구 안에만 가만히 있지 말고 문제가 있는 장소로 가서 현장을 직접 둘러봐야죠.

사람들과 이야기해요

그 문제와 관련된 다양한 사람을 만나 봐요. 그 문제 때문에 고통받고 있는 사람들도 만나고, 그 문제를 위해 노력하고 있는 시민 단체나, 또 그 문제를 가진 나라의 정부에서 일하는 사람들도 만나요. 다양한 사람의 의견을 듣다 보면 그 문제에 대해 더 잘 판단할 수 있거든요.

여론 조사를 해요

그 문제와 관련된 사람들이 너무 많으면 일일이 다 만나긴 힘들 수 있어요. 그래도 다 방법이 있죠. 여론 조사를 하면 돼요. 여론 조사란 전화나 인터넷 등을 통해 한꺼번에 여러 사람의 생각을 알아보는 거예요. 직접 이야기를 듣는 것만큼 자세하게 알 수는 없지만 그 대신 아주아주 많은 사람의 생각을 알 수 있다는 장점이 있어요.

보고서를 써요

조사를 다 마쳤나요? 그렇다면 보고서를 만들어야죠. 여러 가지 방법으로 조사한 내용들을 잘 정리하고, 여러분이 그 문제에 대해 내린 결론도 적어요. 어떻게 하면 해결할 수 있는지 그 방법도 적으면 더욱 좋겠죠. 여러분의 국제기구가 이 보고서를 발표하면 지구촌이 그 문제에 대해 "아하, 그렇구나!" 하고 관심을 가지게 될 거예요.

세계 행복 보고서

나라가 평화롭고 안정되어 있다면 행복한 사람이 많겠죠.
반대로 전쟁이나 가난으로 고통받고 있는 나라라면 사람들도 행복하지 못할 거고요.
국제 연합은 해마다 각 나라 사람들이 얼마나 행복하게 살고 있는지 조사해서
보고서를 내고 있어요. 이름하여 '세계 행복 보고서'.
세계에서 가장 행복한 나라는 어디일까요? 우리나라는 몇 등일까요?

회의하기

학교에서 반 친구들과 학급 회의를 해 본 적이 있죠?
무언가 문젯거리가 있을 때 함께 생각을 모으면 해결책을 쉽게 찾을 수 있어요.
그러다 보면 친구들끼리 사이가 더 가까워지기도 하고요. 국제기구에서도
이렇게 회의를 하는 시간이 꼭 필요해요.

자유롭게 의견을 말하고 서로를 존중해요

학급 회의와 마찬가지로 국제기구의 회의에서도 꼭 지켜야 하는
원칙이 있어요. 누구나 자유롭게 자기 의견을 말할 수 있다는 것이죠.
상대방이 전혀 다른 의견을 말한다 하더라도 존중해서 들어야 해요.

정상 회의도 해요

산 정상에서 하는 것이 정상 회의냐고요? 그게 아니라 각 나라에서 가장
높은 사람들, 그러니까 대통령이나 총리들이 한자리에
모여서 하는 회의를 정상 회의라고 불러요. 국제
연합같이 규모가 큰 국제기구에서는 종종 정상
회의를 열기도 해요. 높은 사람들이 모이는
것인 만큼 더 중요하고 심각한
이야기가 오가겠죠?

누리마루 APEC 하우스

2005년 아시아 태평양 경제 협력체(APEC) 정상 회의가 우리나라에서 열렸어요. 이 정상 회의는 부산 해운대에 있는 누리마루 APEC 하우스에서 진행되었죠. 누리마루의 '누리'는 세상·세계를, '마루'는 정상·꼭대기를 뜻하는 순우리말이에요. 누리마루 APEC 하우스에 가면 실제로 정상 회의가 열렸던 장소를 관람할 수 있어요.

규칙 정하기

여러분의 학교에도 교칙이 있을 거예요. 교칙이란 학교 안에서 꼭 지켜야 하는 규칙이죠. 그 학교에 다니는 학생이라면 누구나 예외 없이 교칙을 지켜야 해요. 학교에 교칙이 있듯이, 국제기구도 나름의 규칙을 정할 수 있어요. 국제기구에 속한 나라라면 그 규칙을 따라야 하는 거예요.

이것만큼은 꼭 지켜요

국제기구의 목표를 이루기 위해 이것만큼은 꼭 필요하다 하는 일은 무엇일까요? 더 나은 지구촌을 만들기 위해 이것만큼은 절대 해서는 안 된다 하는 일은 무엇일까요? 이런 점들을 생각하며 규칙을 정해야 해요.

국제기구의 규칙을 만들 때는 지도자에게만 맡겨서도 안 되고, 몇몇 나라만 주도해서도 안 돼요. 회원국들이 함께 의견을 모아서 만들어야죠. 그래야 어느 나라든 "이것만큼은 꼭 지켜야 하는구나" 하고 고개를 끄덕일 거예요.

아동 권리 협약

모든 어린이는 행복하게 자라날 권리가 있어요. 1989년 국제 연합은
지구촌 어느 곳에서나 어린이들의 권리를 지켜 주기 위한 규칙을 만들었어요.
바로 '아동 권리 협약'이에요. 모두 54가지 규칙들로 이루어져 있는데
그중 몇 가지를 소개할게요.

6조)
어린이는 타고난 생명을 보호받고 건강하게 자랄 권리가 있습니다.

2조)
어린이는 부모님이 어떤 사람이건, 어떤 인종이건, 어떤 종교를 믿건, 어떤 언어를 사용하건, 부자이건 가난하건, 장애가 있건 없건 모두 동등한 권리를 누려야 합니다.

12조)
어린이에게 영향을 미치는 문제를 결정할 때 어린이는 의견을 말할 권리가 있습니다. 어른들은 어린이의 의견에 귀를 기울여야 합니다.

28조)
어린이는 교육받을 권리가 있습니다. 적어도 초등 교육은 무료로 받을 수 있어야 하며, 능력에 맞게 더 높은 교육도 받을 수 있어야 합니다.

35조)
정부는 어린이가 유괴를 당하거나 물건처럼 사고팔리지 않도록 모든 노력을 다해야 합니다.

나서서 도와주기

아무리 훌륭한 규칙을 정해 놓았다고 해도 그것만으로 당장 지구촌의 문제가 해결되는 것은 아니에요. 이 순간에도 지구촌 곳곳에서 많은 사람이 힘들어하고 있어요. 이 사람들에게는 지금 당장 도움이 필요해요. 국제기구가 머뭇거리지 말고 나서야죠.

돈과 생활필수품을 보내요

어떤 문제가 닥쳤느냐에 따라 사람들이 필요로 하는 것도 달라질 거예요. 그래서 국제기구는 경제가 어려운 나라에는 돈을 빌려 주고, 전염병이 도는 지역에는 약을 보내 줘요. 또 배고픔에 시달리는 사람들에게는 식량을 보내 주고, 학교에 가지 못하는 아이들에게는 책과 학용품을 보내 줘요.

전문가를 보내요

그냥 돈과 생활필수품만 보내는 것으로는 충분하지 않아요. 그 문제와 관련된 전문가도 보내야죠. 약만 보내는 것이 아니라 의사도 보내고, 책과 학용품만 보내는 것이 아니라 선생님도 보내요. 또 집이나 병원, 학교를 지어 줄 건축가도 보내고요. 참, 이 모든 과정을 챙기고 혹시 또 다른 문제가 생기지 않는지 감시할 전문가도 보내야 해요.

군대를 보내요

지구촌에서 일어날 수 있는 가장 큰 문제, 가장 심각한 문제는 뭐니 뭐니 해도 이거죠. 바로 전쟁! 상상만 해도 정말 끔찍하죠? 국제기구는 침략당한 나라나 사람들을 돕기 위해 군대를 보내서 싸워 주기도 해요. 물론 군대까지 보내려면 국제 연합처럼 규모가 큰 국제기구여야겠죠.

우리나라가 국제기구로부터 받은 도움

우리나라도 어려움을 겪던 과거에 국제기구의 도움을 받은 적이 있어요. 만약 그때 도움을 받지 못했다면? 어쩌면 우리나라는 지금과는 전혀 다른 모습이 되어 있을 수도 있겠죠.

한국전쟁에 군대를 보낸 국제 연합

북한이 우리나라를 침략했을 때 국제 연합의 군대가 와서 함께 싸워 주었어요. 그리스, 남아프리카 공화국, 네덜란드, 뉴질랜드, 룩셈부르크, 미국, 벨기에, 에티오피아, 영국, 오스트레일리아, 캐나다, 콜롬비아, 태국, 튀르키예, 프랑스, 필리핀, 이렇게 16개 나라의 군대로 이루어져 있었어요. 또 노르웨이, 덴마크, 스웨덴, 이탈리아, 인도, 이 5개 나라는 의료 부대를 보냈어요. 그 수를 모두 합하면 거의 100만 명이나 되었죠.

어린이들의 건강과 교육을 챙긴 유니세프

우리나라가 전쟁을 겪고 경제가 발전하지 않아서 많은 사람이 힘들게 살던 시절, 유니세프는 우리나라 어린이들을 위해 많은 노력을 했어요. 어린이들이 건강하게 자라도록 분유와 약, 옷 같은 생활필수품을 보냈고, 어린이들이 제대로 교육받도록 유치원을 세우고 교육 프로그램을 개발했어요. 유니세프의 도움을 받던 우리나라가 이제는 유니세프를 통해 다른 나라들을 도와주고 있어요.

실제로 국제기구들이 했던 활동이나 지금 하고 있는 활동 중에는 이런 것들도 있답니다. 잘 살펴보고 마음에 드는 것은 여러분의 국제기구에서도 해 봐요.

국가유산을 옮겨요

1960년 이집트에 댐이 생기면서 아부심벨 신전이 잠길 위기에 처했어요. 그러자 유네스코가 나섰죠. 댐을 못 만들게 막았을까요? 아니요. 아예 신전을 다른 곳으로 옮겼어요! 신전을 1만 6000개의 조각으로 나누어 다른 장소에다 다시 세운 거예요. 무려 4년이나 걸린 대공사였답니다.

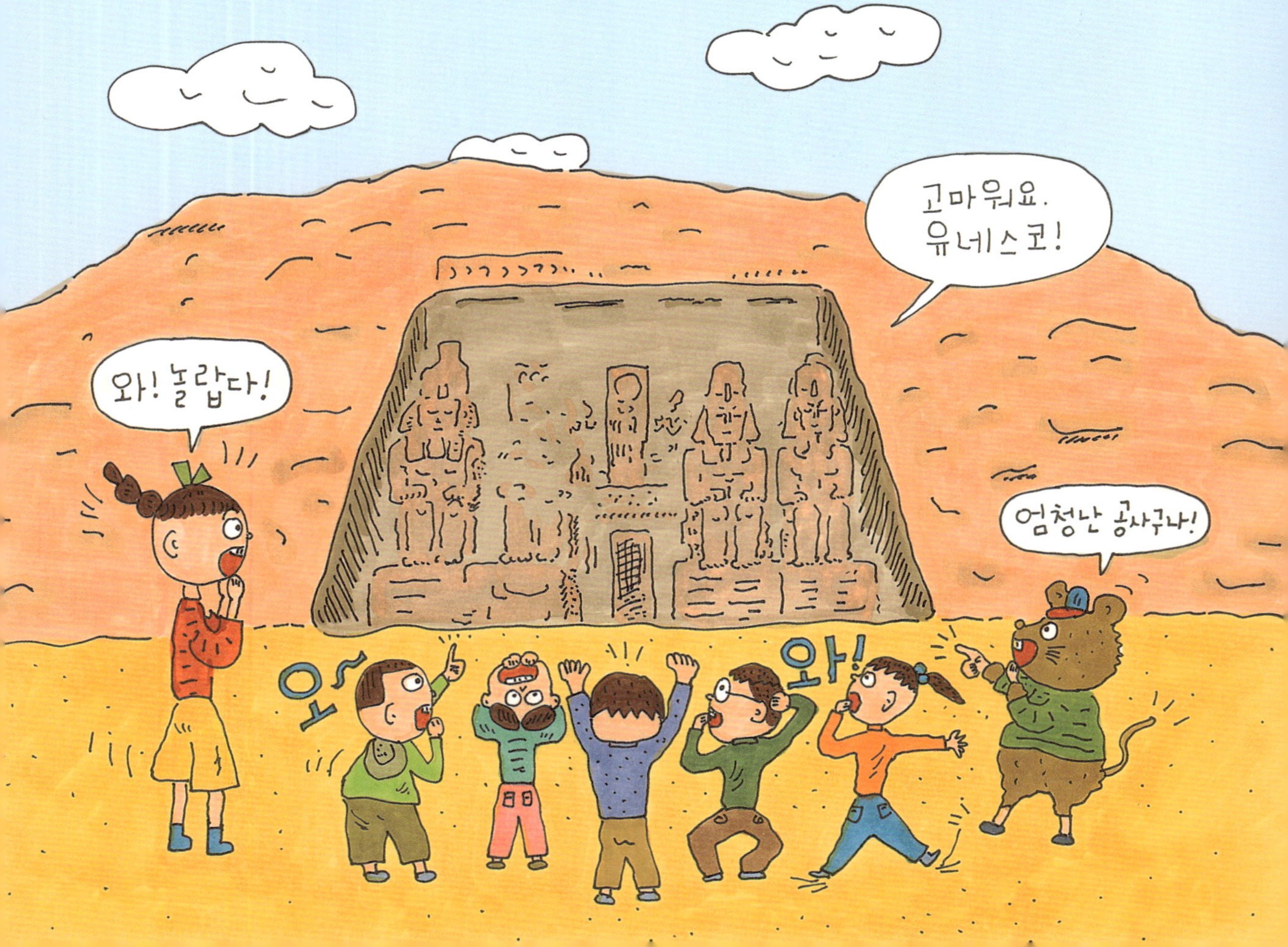

생물들에게 등급을 매겨요

국제 자연 보호 연맹은 전 세계의 수많은 생물들에게 등급을 매겨 목록을 만들고 있어요. 이것을 적색 목록(Red List)이라고 부르죠. 다체 어떤 기준에 따른 등급일까요? 지구상에 얼마나 많이 남아 있는지, 지금 멸종 위기에 처해 있는지가 기준이 돼요. 경고의 의미에서 '적색'이란 이름을 붙인 거예요. 적색 목록을 보면 "멸종 위기인 생물이 이렇게 많구나" 하고 깜짝 놀랄걸요.

생명을 구하는 선물을 직접 골라요

세계 곳곳의 어린이들에게 도움을 주고 싶나요? 힘이 되는 선물을 여러분이 직접 고른다면 더욱 뿌듯할 거예요. 유니세프에서 진행하는 '생명을 구하는 선물'이 바로 그런 후원 프로그램이랍니다. 배가 고픈 어린이에게는 우유를, 추위에 떠는 어린이에게는 담요를 선물할 수 있어요. 어떻게 하면 되냐고요? 유니세프 홈페이지(www.unicef.or.kr/involve/individual/ig)에 소개되어 있는 여러 종류의 생활필수품을 살펴봐요. 그중에서 여러분이 선물하고 싶은 것을 선택해 구입해요. 그러면 유니세프가 그것을 가장 필요로 하는 어린이에게 보내 줄 거예요.

모든 준비는 끝났다!

여러분의 국제기구가 완성되었나요? 많은 나라가 여러분의 국제기구에 회원으로 가입했나요? 여러분의 국제기구에서 일하는 국제공무원들이 세계 곳곳에서 활발하게 활동하고 있나요?

어린이가 실제로 국제기구를 만들기는 쉽지 않아요. 사실 그 일은 어른들에게도 어려워요. 국제기구를 만드는 것은 아주 복잡하거든요. 그렇다 해도 지금부터 차근차근 준비해 나가면 되죠. 국제기구가 하는 일에 관심을 가져 봐요. 국제기구에 직접 후원도 해 봐요. 국제기구에서 일하기 위해 꼭 필요한 외국어도 익혀 봐요.

무엇보다도 중요한 것은 어려운 사람들을 위해 봉사하고자 하는 마음가짐을 가지는 거예요. 훗날 어떤 종류의 국제기구를 만들든 간에 여러분이 이런 마음가짐을 가지고 있다면 여러분의 국제기구는 이 세상이 더 좋아지는 데 큰 몫을 하게 될 거예요.

세계 햄스터 연맹을 소개합니다!

목표: 전 세계 햄스터들이 행복하게 살게 하는 것.

지도자: 나.

회원국 수: 하나(아직은 우리나라만).

국제공무원 수: 둘(나와 내 햄스터).

건물 위치: 대한민국 내 방.

규칙: ①햄스터에게 먹이를 매일 충분히 준다. ②햄스터에게 깨끗한 집을 준다.

하는 일: 먹이가 부족한 햄스터들에게 먹이 전해 주기, 난민이 된 햄스터들에게 집 지어 주기, 햄스터들을 위한 더 나은 먹이 연구하기.

내가 만든 국제기구를 소개합니다!

목표:
지도자:
회원국 수:
국제공무원 수:
건물 위치:
규칙:
하는 일:

한눈에 보는 국제기구 만들기

국제기구가 만들어지는 과정을 한눈에 살펴볼까요?
한 단계, 한 단계, 차근차근 따라가며
나만의 국제기구를 상상해 봐요.

3단계 지구촌을 무대로 활동하기

어떤 국제기구를 만들까?
시작

1단계 국제기구의 목적 정하기

지구촌의 문제들 조사하기

회의하기

지구촌 둘러보기

지구촌의 문제들 살펴보기 → 국제기구의 역할 이해하기

돈 모으기 ← 지도자 뽑기  ←  국제공무원 뽑기

나만의 국제기구 완성!

 나서서 도와주기 ↑ 건물 마련하기

규칙 정하기 → → 로고 디자인하기 ↑

 **2단계 새로운 국제기구 꾸리기**  회원 모으기 ↗

→ 이름 짓기 →

용어 설명

개발 도상국: 선진국에 비해 경제 개발이 되지 않았고 기술 수준도 낮은 나라.

공용어: 한 나라 안에서, 또는 한 국제기구 안에서 공식적으로 쓰는 언어.

기구: 어떤 목적을 위해 많은 사람이 모여 만든 조직의 구성 체계.

기금: 어떤 사업이나 행사 등을 하는 데 필요한 기본적인 돈.

기상 이변: 지난 30년 동안의 날씨와 굉장히 다른 날씨.

난민: 인종이나 국적, 종교, 정치적 의견 등의 차이로 인한 괴롭힘을 피해서 다른 지역이나 다른 나라로 탈출한 사람.

도안: 그림을 그린다든지 인형을 만든다든지 자수를 놓는다든지 할 때 작업하기 쉽도록 그 모양을 표현해 놓은 일종의 설계도.

무역: 나라와 나라 사이에 서로 물건이나 기술 등을 사고파는 것.

문화유산: 미래의 문화 발전을 위해 다음 세대에게 전할 가치가 있는 문화재.

백신: 전염병을 예방하기 위해 몸 안에 면역력이 생기게 하는 주사약.

복지: 행복한 삶. 요즘에는 국민의 삶의 질을 다룰 때 주로 쓰이는 표현.

부흥: 쇠퇴했던 것이 다시 일어나 번성하는 것.

생활필수품: 일상생활에서 반드시 있어야 하는 물건.

연맹: 같은 목적을 가진 단체나 나라가 모여서 서로 돕고 함께 행동할 것을 약속한 조직.

연합: 여러 사람이나 집단이 합쳐서 만든 조직.

예방 접종: 전염병을 예방하기 위해 백신을 주사해서 면역력이 생기게 하는 것.

테러: 특정한 목적을 이루기 위해 폭력적인 방법으로 사람들에게 해를 끼치는 것.

통화: '유통 화폐'의 준말로, 실제로 쓰이는 지폐와 동전 등을 통틀어 부르는 것.

협력체: 힘을 합해 서로 돕는 단체들의 조직.

협약: '협상조약'의 준말로, 여러 나라나 여러 단체가 함께 논의하여 맺은 약속.

후원금: 개인이나 단체를 돕기 위해 기부하는 돈.

만국 우편 연합(UPU, Universal Postal Union)
우편물이 이 나라에서 저 나라로 오가는 일을 관리해요.
이 국제기구의 회원국들끼리는 우편물을 자유롭게 교환할 수 있어요.

국제 장애인 올림픽 위원회(UPC, International Paralympic Committee)
4년마다 하계 장애인 올림픽과 동계 장애인 올림픽을 열어요.

국제 원자력 기구(IAEA, International Atomic Energy Agency)
원자력이 평화적으로 이용되도록 관리하고 감시해요.

토토 사회 놀이터
내가 국제기구를 만든다면?

1판 1쇄 발행 2019년 3월 25일 | 1판 4쇄 발행 2025년 5월 29일
글 김서윤 | 그림 김유대 | 펴낸이 이재일
기획·편집 박설아 | 디자인 권석연 | 제작·마케팅 강백산, 강지연, 김주희
펴낸곳 토토북 | 출판등록 2002년 5월 30일 제2002-000172호
주소 04034 서울시 마포구 잔다리로7길 19, 명보빌딩 3층 | 전화 02-332-6255 | 팩스 02-6919-2854
홈페이지 www.totobook.com | 전자우편 totobooks@hanmail.net | 인스타그램 totobook_tam
ISBN 978-89-6496-396-8 74300, 978-89-6496-257-2 74300(세트)

ⓒ 김서윤, 김유대 2019

이 책은 저작권법에 의해 보호를 받는 저작물이므로 무단 전재 및 무단 복제를 금합니다.
잘못된 책은 구입하신 곳에서 바꾸어 드립니다.

 제품명: 내가 국제기구를 만든다면? | 제조자명: 토토북 | 제조국명: 대한민국 | 전화: 02-332-6255
인증 유형: 공급자 적합성 확인 | 사용연령: 8세 이상 | 주소: 서울시 마포구 잔다리로7길 19, 명보빌딩 3층 | 제조년월: 2025년 5월 29일
KC마크는 이 제품이 공통안전기준에 적합하였음을 의미합니다.
⚠ **주의** 아이들이 책의 모서리에 다치지 않게 주의하세요.